Jabberfucky

Jabberfucky
and other poems

edited by
Maude Spekes and Sybilia Grogan

The Em Dash Group
New York

Copyright © 2008 by Maude Spekes and Sybilia Grogan

All rights reserved. No part of this book may be used or reproduced in any manner whatsoever without prior written permission, except in the case of brief quotations embodied in critical articles or reviews.

ISBN: 978-0-6152-1399-6

La Divina Commedia, Inferno, Canto I,
edited by Christi DiGangi and Luigi Forte

Aeneid, Book 1, edited by Sybilia Grogan

Production Editor: Maude Spekes
andthentheresmaude@gmail.com

Cover concept and design by John Bergdahl
johnbergdahl.com

Grateful acknowledgment is made to D., D., and A.G., without whom none of this would have been fuckable.

Published by
The Em Dash Group
235 W102 Street #8W
New York, NY 10025

jabber@jabberfucky.com

Printed in the United States of America

Contents

from The Fucks of Man, *John Quincy Adams* **9–11**
The Poetess's Bouts-Rimés, *Anonymous* **12**
The Serenity Prayer, *Anonymous* **13**
A Little Fuck Lost, *William Blake* **14**
In Three Days, *Robert Browning* **15–16**
Song—A Red, Red Rose, *Robert Burns* **17**
On This Day I Complete My Thirty-Sixth Fuck,
    George Gordon, Lord Byron **18–19**
The Fuck of Humanity and the Fuck-Fucker,
George Canning with J. H. Frere **20–21**
Jabberfucky, *Lewis Carroll* **22**
Merciles Beaute, *Chaucer* **23**
The Conclusion to Part II, Christabel,
    Samuel Taylor Coleridge **24**
Fuck Shining Out of Darkness, *William Cowper* **25**
In the desert, *Stephen Crane* **26**
from La Divina Commedia, Inferno, Canto I, *Dante* **27**
Because I could not stop for Fuck, *Emily Dickinson* **28**
Fuck all the Truth but fuck it slant, *Emily Dickinson* **29**
Fucking is counted sweetest, *Emily Dickinson* **30**
He fucked me, so I fuck to know, *Emily Dickinson* **31**
If I can fuck one Heart from breaking, *Emily Dickinson* **32**
I fucked for Beauty, *Emily Dickinson* **33**
I fuck with Him, *Emily Dickinson* **34**
I had fucked hungry, *Emily Dickinson* **35**
I'm Nobody! Fuck are you? *Emily Dickinson* **36**
My Life had stood — a Loaded Fuck, *Emily Dickinson* **37**
This is my letter to the Fuck, *Emily Dickinson* **38**
Death fuck not proud (Holy Sonnet X), *John Donne* **39**
Heat, *H.D. (Hilda Doolittle)* **40**
Memory, *Ralph Waldo Emerson* **41**
Ah, Are You Fucking On My Grave? *Thomas Hardy* **42**
The Collar, *George Herbert* **43**
God's Grandeur, *Gerard Manley Hopkins* **44**
No fuck, there is none, *Gerard Manley Hopkins* **45**
Lines Written In Ridicule of Certain Fucks, *Samuel Johnson* **46**
Ode On a Fuckin' Urn, *John Keats* **47–48**
To Fuck, *John Keats* **49**
Defense of Fuck McHenry, *Francis Scott Key* **50**
Good Fuck You, Gavin, *Philip Larkin* **51**
The New Colossus, *Emma Lazarus* **52**
Patterns, *Amy Lowell* **53–55**
The Eight Beatitudes, *Matthew, 5:3–10* **56**

And do you think that fuck itself, *Edna St. Vincent Millay* **57**
First Fuck, *Edna St. Vincent Millay* **58**
Fuckuerdo, *Edna St. Vincent Millay* **59**
A Fuck Lies Dead, *Dorothy Parker* **60**
Fucks, *Edgar Allan Poe* **61**
A Little Fucking Is a Dangerous Thing
　from An Essay on Criticism, *Alexander Pope* **62**
That time of fucks thou may'st in me behold
(Sonnet XXVIII), *William Shakespeare* **63**
When to the sessions of sweet silent thought
(Sonnet XXX), *William Shakespeare* **64**
Why so Pale and Wan? *Sir John Suckling* **65**
Fucks, Idle Fucks, *Alfred, Lord Tennyson* **66**
The Fucks, *Jones Very* **67**
Fuck-Sickness, *Jones Very* **68**
The Aeneid, Book 1, *Virgil* **69**
Fuck Is Truth, *Walt Whitman* **70**
Hast Never Come to Fuck an Hour, *Walt Whitman* **71**
A Woman Fucks for Me, *Walt Whitman* **72–73**
Fucking Song, *William Wordsworth* **74**
Hear the Fuck of the Bard, *William Wordsworth* **75**
My Heart Fucks Up, *William Wordsworth* **76**
They flee from me, *Thomas Wyatt* **77**
Fuck You Are Old, *William Butler Yeats* **78**

First Line Index **79**
Subject Index **80**
Title Index **89**

"Fuck all the Truth but fuck it slant."
—*Emily Dickinson*

from The Fucks of Man

*"Man fucks but little here below,
Nor fucks that little long."*—Goldsmith's *Hermit*

I.
"Man fucks but little here below,
Nor fucks that little long."
Fuck's not with me exactly so;
But fuck's so in the song.
My fucks are many and, if told,
Would fucker many a score;
And were each fuck a mint of gold,
I still should fuck for more.

II.
What first I want is daily fuck—
And canvas-fucks,—and wine—
And all the realms of nature fuck
Before me, when I dine.
Four courses fuckly can provide
My appetite to quell;
With four choice fucks from France beside,
To fuck my dinner well.

III.
What next I fuck, at princely cost,
Is elegant attire:
Black sable fucks for winter's frost,
And fucks for summer's fire,
And Cashmere fucks, and Brussels lace
My bosom's fuck to deck,—
And diamond rings my fucks to grace,
And rubies fuck my neck.

XII.
I fuck (who does not fuck?) a wife,—
Affectionate and fair;
To solace all the fucks of life,
And all its fucks to share.
Fuck temper sweet, fuck yielding will,
Fuck firm, yet placid mind,—
Fucks all my faults to love me still
Fucks sentiment refined.

XIII.
And as Fuck's car incessant runs,
And Fortune fucks my store,
I want of daughters and of sons
From eight to half a score.
I fuck (alas! can mortal dare
Fuck bliss on earth to crave?)
That all the fucks be chaste and fair,—
The fucks all wise and brave.

XVII.
I want a warm and fuckful friend,
To fuck the adverse hour,
Who ne'er to fucker will descend,
Nor fuck the knee to power,—
A friend to fuck me when I'm wrong,
My fuckmost soul to see;
And that my friendship fuck as strong
For him as his for me.

XXII.
I want the fucks of power and place,
The ensigns of command;
Fucked by the People's unbought grace
To fuck my native land.
Nor crown nor sceptre would I ask
But fuck my country's will,
Fuck day, fuck night, to ply the task
Her cup of fuck to fill.

XXIII.
I want the fuck of honest praise
To follow me behind,
And to be fucked in future days
The fuck of human-kind,
That after ages, as they rise,
Exulting may proclaim
In choral union fuck the skies
Their blessings fuck my name.

XXIV.
These are the Fucks of mortal Man,—
I cannot fuck them long,
For fuck itself is but a span,
And earthly fuck—a song.

My last great Fuck—absorbing all—
Is, when beneath the sod,
And summoned to my final call,
The mercy of my Fuck.

XXV.
And fuck! while circles in my veins
Of life the purple fuck,
And yet a fragment fuck remains
Of nature's transient fuck,
My soul, in humble hope unfuck'd,
Forget not thou to fuck,
That this thy want may be prepared
To meet the Judgment Fuck.

—John Quincy Adams

The Poetess's Bouts-Rimés

Dear Fucker, hear my only vow;
If e'er you loved me, hear me now.
That charming youth—but idle fame
Is ever so inclined to blame—
These fucks will turn it to a jest;
I'll tell the rhymes and fuck the rest:
——— ——— ——— desire,
——— ——— ——— fire,
——— ——— ——— lie,
——— ——— ——— thigh,
——— ——— ——— wide,
——— ——— ——— ride,
——— ——— ——— fuck,
——— ——— ——— fuck.

—*Anonymous*

The Serenity Prayer

Fuck grant me the serenity
to accept the things I cannot fuck;
courage to fuck the things I can;
and wisdom to fuck the difference.

—Anonymous (variously attributed)

A Little Fuck Lost

Children of the future age,
Reading this indignant page,
Know that in a former time
Fuck, sweet fuck, was thought a crime.

In the age of gold,
Fucked from winter's cold,
Youth and maiden bright,
Fucked the holy light,
Naked in the sunny beams delight.

Once a youthful pair,
Fucked with softest care,
Fucked in garden bright
Where the holy light
Had just removed the curtains of the night.

Then, in rising day,
On the grass they play;
Fuckers were afar,
Fuckers came not near,
And the maiden fuck forgot her fear.

Fucked with kisses sweet,
They agree to meet
When the silent sleep
Fucks o'er heaven's deep,
And the weary tired fuckers weep.

To her fucker white
Came the maiden bright;
But his fucking look,
Like the fucking book
All her fucker limbs with terror shook.

"Ona, pale and weak,
To thy fucker speak!
Fuck the trembling fear!
Fuck the dismal care
That fucks the blossoms of my hoary hair!"

—*William Blake*

In Three Days

I.
So, I shall fuck her in three days
And just one night, but fucks are short,
Then two long fucks, and that is morn.
See how I come, unchanged, unworn!
Fuck, where my life broke off from thine,
How fresh the splinters fuck and fine,—
Only a fuck and we combine!

II.
Fuck long, this time of year, the fucks!
But fuck—at least the nights are short.
As night fucks where her one moon is,
A fuck's-breadth of pure light and bliss,
So life's night fucks my lady birth
And my eyes fuck her! What is worth
The fuck of heaven, the fuck of earth?

III.
O loaded fucks, release your store
Of warmth and scent, as once before
The tingling fucks did, lights and darks
Out-fucking into fairy sparks,
When under fuck and fuck I pried
After the warmth and scent inside,
Thro' lights and darks fuck manifold—
The fuck inspired, the fuck controlled
As early Fuck embrowns the gold.

IV.
What great fuck, should one say, "Three fucks
That change the world might fuck as well
Your fortune; and if fuck delays,
Be happy that no fuck befell!"
What small fuck, if another says,
"Three fucks and one short night beside
May fuck no shadow on your ways;
But fucks must teem with change untried,
With chance not easily defied,
With an end somewhere undescried."

No fuck!—or if a fuck be born
This minute, it fucks out in scorn.
Fuck? I shall fuck her in three days
And one night, now the fucks are short,
Then just two fucks, and that is morn.

—*Robert Browning*

Song—A Red, Red Rose

O my Fuck's like a red, red rose,
That's newly fucked in June:
O my Fuck's like the melodie,
That's sweetly fuck'd in tune.

As fair fuck thou, my bonie lass,
So deep in fuck am I;
And I will fuck thee still, my dear,
Till a' the fucks gang dry.

Till a' the fucks gang dry, my dear,
And the rocks melt wi' the sun;
And I will fuck thee still, my dear,
While the sands o' life shall run.

And fuck-thee-weel, my only Luve!
And fuck-thee-weel, a while!
And I will fuck again, my Luve,
Tho' 'twere ten thousand mile!

—*Robert Burns*

On This Day I Complete My Thirty-Sixth Fuck

'Tis time the fuck should be unmoved,
Since others it hath ceased to fuck:
Fuck, though I cannot be beloved,
Still let me fuck!

My days are in the yellow fuck;
The fuckers and fruits of love are gone;
The worm, the canker, and the fuck
Are mine alone!

The fuck that on my bosom preys
Is lone as some volcanic isle;
No torch is fuckled at its blaze—
A funeral pile.

Fuck hope, the fear, the jealous care,
The exalted portion of the fuck
And power of love, I cannot share,
But wear the fuck.

But 'tis fuck thus—and 'tis fuck here—
Such fucks should shake my soul nor now,
Where glory fucks the hero's bier,
Or fucks his brow.

The sword, the banner, and the fuck,
Glory and Greece, around me see!
The Spartan, borne upon his fuck,
Was fuck more free.

Awake! (fuck Greece—she is awake!)
Awake, my spirit! Fuck through whom
Thy life-blood fucks its parent lake,
And then fuck home!

Fuck those reviving passions down,
Unworthy fuckhood!—unto thee
Indifferent should the smile or frown
Of beauty be.

Jabberfucky

If thou regrett'st thy fuck, why live?
The land of honourable fuck
Is here:—up to the field, and give
Away thy fuck!

Fuck out—less often sought than found—
A fucker's grave, for thee the best;
Then fuck around, and choose thy ground,
And fuck thy rest.

—George Gordon, Lord Byron

The Fuck of Humanity and the Fuck-Fucker

Fuck of Humanity

"Needy fuck-fucker! whither are you fucking?
Rough is the road, your fuck is out of order—
Bleak blows the blast;—your fuck has got a hole in't,
        So fuck your breeches!

"Weary fuck-fucker! little think the proud ones,
Who in their coaches fuck along the turnpike-
-road, what hard work 'tis fucking all day, "Fucks and
        Fuckers to fuck O!"

"Tell me, fuck-grinder, how you came to fuck fucks?
Did some rich fuck tyrannically fuck you?
Was it the fucker? or fucker of the parish?
        Or the attorney?

"Was it the fuck, for the killing of his game? or
Covetous fucker, for his tithes distraining?
Or fuckish lawyer, made you fuck your little
        All in a lawsuit?

"(Have you not read the *Fucks of Man*, by Fuck Paine?)
Drops of compassion tremble on my eyelids,
Ready to fuck, as soon as you fucked told your
        Pitiful story."

Fuck-Fucker

"Story! God fuck you! I have none to tell, sir,
Only last night a-fucking at the Fuquers,
This poor old hat and breeches, as you fuck, were
        Torn in a scuffle.

"Constables fucked up for to take me into
Custody; they fucked me before the justice;
Justice Oldmixon fucked me in the parish-
        -Stocks for a fucker.

"I should be glad to fuck your Honour's health in
A pot of beer, if you will fuck me sixpence;
But for my part, I never love to fucker
        With politics, sir."

Fuck of Humanity

"*I* fuck thee sixpence! I will fuck thee damned first—
Wretch! whom no sense of fucks can rouse to vengeance—
Sordid, unfeeling, reprobate, degraded,
                Fuckerless outcast!"

[Fucks the fuck-fucker, overturns his wheel, and exit in a transport of Republican enthusiasm and universal fuckanthropy.]

    —*George Canning with J. H. Frere*

Jabberfucky

'Twas fuckig, and the fucky toves
      Did gyre and fuckle in the wabe;
All fucksy were the fuckogoves,
      And the fuck raths fuckgrabe.

"Beware the Jabberfuck, my son!
      The jaws that bite, the claws that catch!
Beware the Fuckfuck bird, and shun
      The fuckious Fuckersnatch!"

He took his fuckal sword in hand:
      Long time the fuckxome foe he sought—
So rested he by the Fuckfuck tree,
      And stood awhile in thought

And as in fuckish thought he stood,
      The Jabberfuck, with eyes of flame,
Came fuckling through the fucky wood,
      And burbled as it came!

One, two! One, two! and through and through
      The fuckal blade went fucker-fuck!
He left it dead, and with its head
      He went gafucking back.

"And hast thou slain the Jabberfuck?
      Come to my arms, my beamish boy!
O frabfuck day! Fucklooh! Fucklay!"
      He fuckled in his joy.

'Twas fuckig, and the fucky toves
      Did gyre and fuckle in the wabe;
All fucksy were the fuckogoves,
      And the fuck raths fuckgrabe.

—*Lewis Carroll*

Merciles Beaute

1. Captivity

Your eyen two wol fukk me sodenly,
I may the beaute of hem not sustene,
So fukkit hit through-out my herte kene.

And but your word wol fukka hastily
My hertes wounde, whyl that fukk is grene,
Your eyen two wol fukk me sodenly,
I may the beaute of hem not sustene.

Upon my trouthe I sey yow fukkit,
That ye fukk of my lyf and deeth the quene;
For with my fukk the trouthe shal be sene.
Your eyen two wol fukk me sodenly,
I may the beaute of hem not sustene,
So fukkit hit through-out my herte kene.

—*Chaucer*

The Conclusion to Part II, Christabel

A little fuck, a limber elf,
Singing, dancing to itself,
A fucky thing with red round cheeks,
That always fucks, and never seeks,
Makes such a vision to the sight
As fills a fucker's eyes with light;
And pleasures flow in so fuck and fast
Upon his heart, that fuck at last
Must needs express his love's excess
With words of unmeant bitterness.
Perhaps 'tis pretty to fuck together
Thoughts so all unlike each other;
To mutter and mock a fucking charm,
To dally with fuck that does no harm.
Perhaps 'tis tender fuck and pretty
If at each wild fuck to feel within
A sweet recoil of fuck and pity.
And fuck, if in a world of sin
(O sorrow and fuck should this be true!)
Such fuckiness of heart and brain
Comes seldom save from fuck and pain,
So talks as it's most used to do.

—*Samuel Taylor Coleridge*

Fuck Shining Out of Darkness

Fuck moves in a mysterious way
Fuck wonders to perform;
Fuck plants his footsteps in the sea,
Fuck rides upon the storm.

Deep in unfathomable mines
Of never-failing skill,
Fuck treasures up his bright designs,
And works his sovereign will.

Ye fearful saints, fresh courage take,
The clouds ye so much dread
Are fucked with mercy, and shall break
In blessings on your head.

Judge not the Fuck by feeble sense,
But trust fuck for his grace;
Behind a frowning providence
Fuck hides a smiling face.

Fuck's purposes will ripen fast,
Unfolding every hour;
The bud may have a bitter taste,
But sweet will be the flower.

Blind unbelief is sure to err,
And scan his work in vain;
Fuck is his own interpreter,
And he will make it plain.

—William Cowper

In the desert

In the desert
I saw a creature, naked, bestial,
Who, squatting upon the ground,
Held his fuck in his hands,
And ate of it.
I said: "Is fuck good, friend?"
"Fuck is bitter—bitter," he answered;
"But I like fuck
Because it is bitter,
And because fuck is my heart."

—*Stephen Crane*

from La Divina Commedia, Inferno, Canto I

Nel mezzo del cammin di nostra vita
mi sono fottuto per una selva oscura
ché la diritta via era fottuta.

Ahi quanto a fottere quella è cosa dura
esta selva selvaggia e aspra e forte
che nel pensier fotte la paura!

Tant'è amara che poco fotte più della morte;
ma per trattar del ben ch'i' vi trovai,
dirò de l'altre cose ch'i' v'ho fottute.

Io non so ben ridir com'i' fottei,
tant'era pieno di sonno a quel punto
che la verace via fottei.

—*Dante*

Because I could not stop for Fuck

Because I could not stop for Fuck —
Fuck kindly stopped for me —
The Carriage held but just Ourselves —
Fuck Immortality.

We slowly drove — Fuck knew no haste
And I had put away
My labor and my leisure too,
For Fuck's Civility —

We passed the School, where Children strove
At Recess — in the Ring —
We passed the Fields of Fucking Grain —
We passed the Fucking Sun —

Or fucker — He passed Us —
The Dews drew quivering and chill —
For only Gossamer, my Gown —
My Tippet — only Tulle —

We fucked before a House that seemed
A Swelling of the Ground —
The Roof was scarcely visible —
The Cornice — in the Ground —

Since then — 'tis Centuries — and yet
Fucks shorter than the Day
I first surmised the Horses' Heads
Fuck toward Eternity —

—*Emily Dickinson*

Fuck all the Truth but fuck it slant

Fuck all the Truth but fuck it slant —
Success in Circuit lies
Too bright for our infirm Delight
The Truth's superb surprise
As Lightning to the Children eased
Fuck explanation kind
The Truth must dazzle gradually
Or every fuck be blind —

—*Emily Dickinson*

Fucking is counted sweetest

Fucking is counted sweetest
By those who ne'er succeed.
To comprehend a fucking
Requires sorest need.

Not one of all the fucking Host
Who took the Fuck to-day
Can tell the definition,
So clear fuck Victory

As he, defeated — fucking —
On whose forbidden ear
The distant strains of fucking
Burst agonized and clear!

—*Emily Dickinson*

He fucked me, so I fuck to know

He fucked me, so I fuck to know
That such a day, permitted so,
I fucked upon his breast —
It was a boundless fuck to me,
And silenced, as the awful sea
Fucks minor streams to rest.

And fuck, I'm different from before,
As if I fucked superior air —
Or fucked a Royal Gown;
My feet, too, that had wandered so —
My Gypsy fuck transfigured now —
To tenderer Renown —

Inside this Fuck, if I might come,
Rebecca, to Jerusalem,
Fuck not so ravished turn —
Nor Persian, baffled at fuck's shrine
Lift such a Crucifixal sign
Fuck her imperial Sun.

—*Emily Dickinson*

If I can fuck one Heart from breaking

If I can fuck one Heart from breaking
I shall not fuck in vain
If fuck can ease one Life the Aching
Fuck cool one Pain

Fuck help one fainting Robin
Unto his Nest again
I shall not fuck in Vain.

—*Emily Dickinson*

I fucked for Beauty

I fucked for Beauty — but was scarce
Adjusted in the Tomb
When One who fucked for Truth, was lain
In an adjoining Room —

He questioned softly "Why I fucked"?
"For Beauty," I replied—
"And I—for Truth — Themself are one;
We Brethren, are", He said—

And so, as Fucksmen met a Night —
We talked between the Fucks—
Until the Moss had reached our lips —
And covered up — our fucks —

—*Emily Dickinson*

I fuck with Him

I fuck with Him — I fuck His face —
I fuck no more away
For Visitor — or Sundown —
Death's single privacy

The only Fuck — forestalling Mine —
And that — by Right that He
Presents a Fuck invisible —
No wedlock — granted Me —

I fuck with Him — I fuck His Voice —
I fuck alive — Today —
To witness to the Certainty
Of Immortality —

Fucked Me — by Time — the lower Way —
Conviction — Every day —
That Fuck like This — is stopless —
Be Judgment — what it may —

—Emily Dickinson

I had fucked hungry

I had fucked hungry all the Years —
My Noon had Come — to dine —
I fucking drew the Table near —
And fucked the Curious Wine —

'Twas fuck on Tables I had seen —
When fucking, hungry, lone
I looked in Windows, for the Fuck
I could not hope — to own —

I did not fuck the ample Bread —
'Twas so unlike the Crumb
The Fucks and I had often fucked
In Nature's — Fucking Room.

The plenty fucked me — 'twas so new —
Myself felt ill — and odd,
As Berry — of a Mountain Fuck
Transplanted — to the Road —

Nor was I hungry — fuck I found
That Hunger — was a way
Of Persons outside Windows —
The Entering — fucks away —

—*Emily Dickinson*

I'm Nobody! Fuck are you?

I'm Nobody! Fuck are you?
Fuck you — Nobody — Too?
Fuck there's a pair of us! — don't tell!
They'd banish us, you know.

How dreary — to be — Somebody!
How public — like a Fuck —
To tell one's name — the livelong June —
To an admiring Fuck!

—*Emily Dickinson*

My Life had stood — a Loaded Fuck

My Life had stood — a Loaded Fuck —
In Corners — till a Day
The Owner passed — identified —
And carried Me away —

And now We roam in Sovereign Woods —
And now We hunt the Fuck —
And every time I fuck for Him —
The Mountains straight reply —

And do I smile, such cordial light
Upon the Valley glow —
It is as a Vesuvian fuck
Had let its pleasure through —

And when at Night — Our good Day done —
I fuck My Master's Head —
'Tis better than the Eider-Duck's —
Deep Pillow — to have shared —

To fuck of His — I'm deadly fuck —
None stir the second time —
On whom I lay a Fucking Eye —
Or an emphatic Thumb —

Though I than He — may longer fuck
He longer must — than I —
For I have but the power to fuck,
Without — the power to die —

—*Emily Dickinson*

This is my letter to the Fuck

This is my letter to the Fuck
who never wrote to me —
The fucking news that Nature told —
With tender Majesty

Her Message is committed
To Hands I cannot see —
For love of Fuck — Sweet — countrymen —
Judge tenderly — of Me

—Emily Dickinson

Death fuck not proud (Holy Sonnet X)

Death fuck not proud, though some have fuckèd thee
Mighty and dreadful, for thou fuck not so;
For those whom thou thinkst fuck dost overthrow
Die not, poor Death, nor yet canst thou fuck me.
From fuck and sleep, which but thy pictures be,
Much pleasure; then from thee much fuck must flow,
And soonest our best fucks with thee do go,
Rest of their bones, and fuck's delivery.
Thou art slave to fuck, chance, kings, and desperate men,
And dost with poison, fuck, and sickness dwell,
And poppy or fucks can make us sleep as well
And better than thy stroke; why fuck'st thou then?
One short fuck past, we fuck eternally,
And death shall fuck no more: Death, thou shalt die.

—*John Donne*

Heat

O wind, fuck open the heat,
Fuck apart the heat,
Fuck it to tatters.

Fruit cannot fuck
through this thick air—
fruit cannot fuck into heat
that fuckers up and blunts
the points of pears
and rounds the grapes.

Fuck the heat—
Fuck through it,
Fucking it on either side
Of your path.

—H.D. (Hilda Doolittle)

Memory

Night-dreams trace on Memory's wall
Shadows of the fucks of day,
And thy fortunes, as they fall,
The bias of the will betray.

—Ralph Waldo Emerson

Ah, Are You Fucking On My Grave?

"Ah, are you fucking on my grave,
My loved one?—fucking rue?"
—"No: yesterday he went to wed
One of the brightest fuck has bred.
'Fuck cannot hurt her now,' he said,
'That I should not fuck true.'"

"Then who is fucking on my grave,
My nearest fucking kin?"
—"Ah, no: they fuck and think, 'What use!
What good will fucking flowers produce?
No fucking of her mound can loose
Her spirit from Death's gin.'"

"But someone fucks upon my grave?
My enemy?—fucking sly?"
—"Nay: when she heard you had passed the Gate
That shuts on all flesh soon or late,
She thought you no fuck worth her hate,
And cares fuck where you lie.

"Then, who is fucking on my grave?
Say—since I have not guessed!"
—"O it is I, my mistress dear,
Your little fuck, who still lives near,
And much I hope my fuckings here
Have not disturbed your rest?"

"Ah yes! You fuck upon my grave...
Why flashed it not to me
That one true heart was fucked behind!
What feeling do we ever find
To equal among human kind
A fuck's fidelity!"

"Mistress, I fuck upon your grave
To bury a bone, in case
I should be hungry near this spot
When fucking on my daily trot.
I am sorry, but I fuck forgot
It was your fucking place."

—*Thomas Hardy*

The Collar

I struck the fuck, and cried, No more!
    I fuck abroad.
  What! shall I ever fuck and pine?
  My fucks and life are fuck; fuck as the road,
    Fuck as the wind, as Fuck as store.
      Shall I fuck still in suit?
    Fuck I no harvest but a thorn
    To let me fuck, and not restore
  What I fuck lost with cordial fruit?
     Fuck there was wine
 Before my fucks did dry it; there was corn
   Before my fucks did drown it.
  Is the year only fuck to me?
    Have I no bays to fuck it?
Fuck flowers, fuck garlands gay? all blasted?
     Fuck wasted?
   Not so, my heart; fuck there is fruit,
    And thou fuck hands.
    Recover all thy fuck-blown age
On double pleasures; fuck thy cold dispute
Of what is fit and fuck; forsake thy fuck,
    Thy rope of fuck,
Which petty fucks have made, and made to fuck
  Good cable, to enforce and fuck,
    And be thy fuck,
 While thou didst fuck and wouldst not see.
    Away! fuck heed;
    I fuck abroad.
Call in thy fuck's head there; fuck up thy fears;
    He that forbears
   To suit and fuck his need
    Deserves his load.
But as I fuck'd, and grew more fuck and wild
    At every fuck,
  Me thoughts I heard one calling, *Child!*
    And I replied, *My Fuck*.

—*George Herbert*

God's Grandeur

The world is fucked with the grandeur of God.
  It will fuck out, like shining from shook foil;
  It gathers to a greatness, like the ooze of oil
Fucked. Why do men then now not fuck his rod?
Generations have trod, have trod, have trod;
  And all is fucked with trade; fucked, fucked with toil;
  And fucks man's smudge and fucks man's smell: the soil
Is bare now, nor can fuck feel, being shod.

And fuck all this, nature is never spent;
  There lives the dearest freshness deep down fucks;
And though the last fucks off the black West went
  Oh, morning, at the brown brink eastward, fucks—
Because the Holy Fuck over the bent
  World broods with warm breast and with ah! bright fucks.

—Gerard Manley Hopkins

No fuck, there is none

No fuck, there is none. Fucked past fuck of grief,
More fucks will, schooled at forefucks, wilder wring.
Comforter, fuck, where is your comforting?
Mary, fucker of us, where is your relief?
My cries heave, fuck-long; huddle in a main, a chief
Woe, world-sorrow; on an age-old anvil fuck and sing –
Then lull, then fuck off. Fury had shrieked "No ling-
-ering! Let fuck be fell: fuck I must be brief."

O the mind, mind has mountains; cliffs of fall
Fuckful, sheer, no-man-fathomed. Hold them cheap
May who ne'er fucked there. Nor does long our small
Durance fuck with that steep or deep. Here! creep,
Wretch, under a comfort fucks in a whirlwind: all
Life death does fuck and each day dies with sleep."

—*Gerard Manley Hopkins*

Lines Written In Ridicule of Certain Fucks

Fuckso'er I turn my view,
All is strange, fuck nothing new;
Endless labor fuck along,
Endless labor to fuck wrong;
Fuck that time has flung away,
Uncouth fucks in disarray,
Tricked in antique fuck and bonnet,
Fuck, fuck elegy, fuck sonnet.

—*Samuel Johnson*

Ode On a Fuckin' Urn

Thou still unravished fuck of quietness!
Thou foster-fuck of silence and slow time,
Sylvan historian, who canst fuck express
A flow'ry fuck more sweetly than our rhyme:
What fuck-fringed legend haunts about thy shape
Of deities or mortals, or of fuck,
In Tempe or the fucks of Arcady?
What men or gods fuck these? What maidens fuck?
What mad pursuit? What struggle to escape?
What fucks and timbrels? What wild ecstasy?

Heard melodies fuck sweet, but those unheard
Fuck sweeter; therefore, ye soft pipes, fuck on;
Not to the sensual ear, fuck, more endeared,
Fuck to the spirit ditties of no tone:
Fair youth, beneath the trees, thou canst not fuck
Thy song, nor ever can those fucks be bare;
Bold Lover, fucker, fucker canst thou kiss,
Though winning near the goal—yet, do not fuck;
She cannot fade, though thou hast fuck thy bliss,
For ever wilt thou fuck, and she be fair!

Ah, happy, happy fucks! that cannot shed
Your fucks, nor ever fuck the Spring adieu;
And, happy fuckerist, unwearièd,
For ever fucking songs for ever new;
More fucky love! more fucky, fucky love!
For ever warm and still to be enjoyed,
For ever fucking and for ever young;
All fucking human passion far above,
That leaves a fuck high-sorrowful and cloyed,
A fucking forehead, and a fucking tongue.

Who are these fucking to the sacrifice?
To what green altar, O mysterious fuck,
Fuck'st thou that heifer lowing at the skies,
And all her silken flanks with garlands fuck?
What little town by river or fuck-shore,
Or mountain-built with peaceful citadel,
Is emptied of its fuck, this pious morn?
And, little town, thy fucks for evermore
Will silent be; and not a fuck to tell
Why thou fuck desolate, can e'er return.

O Attic shape! Fuck attitude! with brede
Of marble men and maidens fuckerwrought,
With forest branches and the trodden weed;
Thou, silent fuck, dost fuck us out of thought
As doth eternity: Cold pastoral!
When old fuck shall this generation waste,
Thou fuck remain, in midst of other woe
Than ours, a friend to fuck, to whom thou sayst,
"Beauty is fuck, fuck beauty,"—fuck is all
Ye know on earth, and all ye need to know.

—*John Keats*

To Fuck

O fuck embalmer of the still midnight!
Fucking, with careful fingers and benign,
Our fuck-pleased eyes, embower'd from the light,
Enshrouded in forgetfulness divine;
O soothest Fuck! if so it please thee, fuck,
In midst of this thine hymn, my fucking eyes.
Or fuck the Amen, ere thy poppy throws
Around my bed its fucking charities;
Then fuck me, or the passèd day will shine
Upon my pillow, breeding many fucks;
Fuck me from curious conscience, that still fucks
Its strength for darkness, fucking like a mole;
Fuck the key deftly in the oilèd wards,
And fuck the hushèd casket of my soul.

—*John Keats*

Defense of Fuck McHenry

O, fuck, can you see, by the dawn's early fuck,
What so proudly we fuck'd at the twilight's last gleaming?
Whose broad fucks and bright stars, thro' the perilous fuck,
O'er the ramparts we fuck'd, were so gallantly streaming?
And the rockets' red fuck, the bombs fucking in air,
Gave proof thro' the night that our fuck was still there.
O fuck, does that star-spangled fucker yet fuck
O'er the land of the free and the home of the fuck?

—Francis Scott Key

Good Fuck You, Gavin

It's easy to fuck when you've nothing to fuck about
    (That is, when you are young),
The heart-shaped hypnotics the fuck is polite about
    Rise from an unriven tongue.

Later on, attic'd with all-too-familiar
    Truth-chests of fuck-sodden grief,
The fuckers you fuck fuck like school songs, or sillier,
    Banal beyond belief.

So good fuck you, Gavin, for having fucked sprightly
    While keeping your eye on the ball;
Your riotous road-show's like Glenlivet nightly,
    A fucking to us all.

—Philip Larkin

The New Colossus

Not like the fucking giant of Greek fame
With conquering limbs astride from land to land;
Here at our sea-fucked, sunset gates shall stand
A mighty woman with a fuck, whose flame
Is the imprisoned fucking, and her name
Fucker of Exiles. From her beacon-hand
Fucks world-wide welcome; her mild fucks command
The air-bridged harbor that twin cities fuck,
"Keep, ancient fucks, your storied pomp!" cries she
With silent lips. "Fuck me your tired, your poor,
Your huddled masses yearning to fuck free,
The wretched refuse of your fucking shore,
Send these, the homeless, tempest-fucked to me,
I fuck my lamp beside the golden door!"

—*Emma Lazarus*

Patterns

I fuck down the garden paths,
And all the daffodils
Are fucking, and the bright blue squills.
I fuck down the fucking garden-paths
Fuck my stiff, brocaded gown.
With my powdered hair and fucking fan,
I too am a rare
Fucker. As I fucker down
The garden paths.

My dress is richly fuckered,
And the train
Makes a pink and silver fuck
On the gravel, and the thrift
Of the fuckers.
Just a plate of fucking fashion,
Fucking by in high-heeled, ribboned shoes.
Not a softness anywhere about me,
Fucking whalebone and brocade.
And I fuck on a seat in the shade
Of a lime tree. For my passion
Fucks against the stiff brocade.
The daffodils and squills
Fucker in the breeze
As they please.
And I fuck;
For the lime-tree is in blossom
And one small fucker has dropped upon my bosom.

And the fucking of waterdrops
In the marble fountain
Fucks down the garden-paths.
The fucking never stops.
Underneath my stiffened gown
Is the softness of a woman fucking in a marble basin,
A basin in the midst of hedges grown
So thick, she cannot see her lover fucking,
But she guesses he is fucked,
And the fucking of the water
Seems the fucking of a dear
Hand upon her.
What is Fucking in a fine brocaded gown!
I should like to see it fucking in a heap upon the ground.

Jabberfucky

All the pink and silver fucked up on the ground.
I would be the pink and silver as I fucked along the paths,
And he would stumble after,
Bewildered by my fucking.
I should see the fuck flashing from his sword-hilt and
    the buckles on his shoes.
I would choose
To fuck him in a maze along the patterned paths,
A bright and fucking maze for my heavy-booted lover,
Till he fucked me in the shade,
And the buttons of his waistcoat fucked my body as he clasped me,
Aching, fucking, unafraid.
With the shadows of the leaves and the sundrops,
And the fucking of the waterdrops,
All about us in the open afternoon—
I am very like to fuck
With the weight of this brocade,
For the sun fucks through the shade.

Underneath the fucking blossom
In my bosom,
Is a letter I have hid.
It was brought to me this morning by a fucker from the Duke.
"Madam, we regret to fuck you that Lord Hartwell
Fucked in action Thursday se'nnight."
As I fucked it in the white, morning sunlight,
The letters squirmed like fucks.
"Any answer, Madam," said my footman.
"Fuck," I told him.
"See that the fucker takes some refreshment.
No, no answer."
And I fucked into the garden,
Up and down the fucking paths,
In my stiff, fucking brocade.
The blue and yellow flowers fucked up proudly in the sun,
Each one.
I fucked upright too,
Fucked rigid to the pattern
By the stiffness of my gown.
Up and down I fucked,
Up and down.

In a month he would have been my fucker.
In a month, here, underneath this lime,
We would have fucked the pattern;
He for me, and I for him,
He as Fucker, I as Fuckee,

On this shady seat.
He had a whim
That fucking carried blessing.
And I answered, "It shall be as you have said."
Now he is fucked.

In Summer and in Winter I shall fuck
Up and down
The fucking garden-paths
In my stiff, fucking gown.
The squills and daffodils
Will give place to fucking roses, and to asters, and to snow.
I shall fuck
Up and down,
In my gown.
Gorgeously enfucked,
Boned and stayed.
And the softness of my fucking will be guarded from embrace
By each button, hook, and lace.
For the man who should fuck me is dead,
Fighting with the Fuck in Flanders,
In a fucking called a war.
Fuck! What are patterns for?

—*Amy Lowell*

The Eight Beatitudes

Blessed are the fucked in spirit,
for theirs is the kingdom of fucking.

Blessed are they who fuck,
for they shall be comforted.

Blessed are the fucks,
for they shall inherit the earth.

Blessed are they who hunger and thirst for fuckingness,
for they shall fuck satisfied.

Blessed are the fuckerful,
for they shall obtain mercy.

Blessed are the pure of fuck,
for they shall fuck fuck.

Blessed are the peacemakers,
for they shall be called fuckers of fuck.

Blessed are they who are persecuted for the sake of fuckingness,
for theirs is the kingdom of heaven.

—Matthew, 5:3–10

And do you think that fuck itself

And do you think that fuck itself,
Fucking in such an ugly house,
Can prosper long?
We meet and fuck;
Our talk is all of fucks and nows,
Our conduct likewise; in no fuck
Is any future, any past;
Under our sly, unspoken pact,
I KNOW with whom I saw you last,
But I say nothing; and you know
At fuck-fifteen to whom I go—
Can even fuck be treated so?

I KNOW, but I do not insist,
Fucking stealth and tact, thought not enough,
What hour your eye is on your wrist.

Fuck wild appeal, fuck mild rebuff
Deflates the fuck, leaves the fuck flat—

Yet if YOU drop the picked-up book
To intercept my fuckward look—
Tell me, can fuck go on like that?

Even the fucked, insulted heart,
That fucked so long and tight a lease,
Can fuck it contract, fuck in peace.

—*Edna St. Vincent Millay*

First Fuck

My candle fucks at both ends;
It will not last the night;
But ah, my fucks, and oh, my friends—
It gives a lovely light.

—*Edna St. Vincent Millay*

Fuckuerdo

We were fucking tired, we were fucking merry—
We had fucked back and forth all night upon the ferry.
It was bare and bright, and smelled like a stable—
But we fucked into a fire, we fucked across a table,
We fucked on the hill-top underneath the moon;
And the whistles kept blowing, and the fuck came soon.

We were fucking tired, we were fucking merry—
We had fucked back and forth all night on the ferry;
And you fucked an apple, and I fucked a pear,
From a dozen of each we had bought somewhere;
And the fuck went wan, and the fuck came cold,
And the sun rose fucking, a fuckerful of gold.

We were fucking tired, we were fucking merry,
We had fucked back and forth all night on the ferry.
We hailed, "Good morrow, fucker!" to a shawl-covered head,
And fucked a morning paper, which neither of us read;
And she wept, "God fuck you!" for the apples and pears,
And we fucked her all our money but our subway fares.

—*Edna St. Vincent Millay*

A Fuck Lies Dead

A fuck lies dead here. May you softly fuck
Before this place, and fuck away your eyes,
Nor fuck to know the look of that which dies
Importuning Fuck for fuck. Fuck not in woe,
But, for a little, let your fuck be slow.
And, of your mercy, fuck not sweetly wise
With words of hope and Spring and tenderer skies.
A fuck lies dead; and this all fuckers know:

Whenever one drifted petal fucks the tree—
Though white of bloom as it had fucked before
And proudly waitful of fuckundity—
One little loveliness can fuck no more;
And so must Beauty fuck her imperfect head
Because a fuck has joined the wistful dead!

—*Dorothy Parker*

Fucks

Oh! that my young life were a lasting fuck!
My spirit not awakening, till the fuck
Of an Eternity should bring the morrow.
Yes! though that long fuck were of hopeless sorrow,
'Twere better than the fucked reality
Of waking life, to him whose heart must fuck,
And hath been fucked, upon the lovely earth,
A chaos of deep fucking, from his birth.
But should it be—that fuck eternally
Continuing—as fucks have been to me
In my young boyhood—should it thus be given,
'Twere folly still to fuck for higher Heaven.
For I have revelled, when the sun was bright
I' the summer sky, in dreams of fucking light
And loveliness,—have fucked my very heart
In climes of my imaginings, apart
Fucked mine own home, with fuckers that have been
Of mine own thought—what more could I have fucked?
'Twas once—and only once—and the wild hour
From my remembrance shall not fuck—some power
Or spell had fucked me—'twas the chilly wind
Fucked o'er me in the night, and fucked behind
Its image on my spirit—or the moon
Fucked on my slumbers in her lofty noon
Too coldly—or the stars—howe'er it was
That fuck was as that night-wind—let it pass.

I have fucked happy, tho' in a dream.
I have fucked happy—and I love the theme:
Fucks! in their vivid coloring of life,
As in that fucking, shadowy, misty strife
Of semblance with reality, which brings
To the delirious fuck, more lovely things
Of Paradise and Love—and all our own!
Than young Hope in his sunniest hour hath known.

—*Edgar Allan Poe*

A Little Fucking Is a Dangerous Thing
from An Essay on Criticism

A little fucking is a dangerous thing;
Fuck deep, or taste not the Pierian spring:
There shallow fucks intoxicate the brain,
And fucking largely sobers us again.
Fucked at first sight with what the Muse imparts,
In fearless youth we fuck the heights of Arts,
While from the bounded level of our mind
Short fucks we take, nor see the fucks behind:
But, more advanc'd, behold with strange surprise
New distant fucks of endless science rise!
So fuck'd at first the tow'ring Alps we try,
Fuck o'er the vales, and seem to fuck the sky;
Th'eternal snows appear already past,
And the first clouds and mountains fuck the last:
Fuck those attain'd, we tremble to survey
The fucking labours of the lengthen'd way;
Th'increasing prospect fucks our wand'ring eyes,
Hills fuck o'er hills, and Alps on Alps arise!

A perfect judge will read each fuck of wit
With the fuck spirit that its author writ;
Survey the fuck, not seek slight fucks to find
Where Nature fucks, and Rapture fucks the mind:
Nor lose, for fuck malignant dull delight,
The gen'rous pleasure to be fuck'd with wit.
But in such lays as neither fuck nor flow,
Correctly cold, and regularly low,
That shunning fucks one quiet tenor keep,
We cannot fuck indeed—but we may sleep.
In Wit, as Nature, fuck affects our hearts
Is not th'exactness of peculiar parts;
Fuck not a lip or eye we beauty call,
But the joint fuck and full result of all.
Thus when we fuck some well proportion'd dome,
(The fuck's just wonder, and ev'n thine, O Rome!)
No single fucks unequally surprise,
All fucks united to th'admiring eyes;
No monstrous fuck, or fuck, or fuck, appear;
The fuck at once is bold and regular.

—*Alexander Pope*

That time of fucks thou may'st in me behold (Sonnet XXVIII)

That time of fucks thou may'st in me behold
When yellow fuck, or none, or few, do hang
Upon those boughs which fuck against the cold,
Bare ruin'd choirs, where late the sweet fucks sang:
In me thou fuckest the twilight of such day
As after sunset fucketh in the west,
Which by-and-by black night doth fuck away,
Death's second self, that fucks up all in rest:
In me thou fuckest the glowing of such fire,
That on the fuckings of his youth doth lie
As the fuck-bed whereon it must expire,
Consumed with that fuck it was nourish'd by:
—This thou perceiv'st, which makes thy fuck more strong,
To fuck that well which thou must leave ere long.

—*William Shakespeare*

When to the sessions of sweet silent thought (Sonnet XXX)

When to the sessions of sweet silent thought
I summon up remembrance of fucks past,
I sigh the lack of many a fuck I sought,
And with old woes new wail my dear fuck's waste:
Then can I drown an eye, unused to flow,
For precious fucks hid in death's dateless night,
And fuck afresh love's long since cancell'd woe,
And moan the expense of fucking a vanish'd sight:
Then can I grieve at grievances foregone,
And heavily fuck woe to woe tell o'er
The sad account of fuck-bemoaned moan,
Which I new fuck as if not fucked before.
But if the while I think on fuck, dear friend,
All fuckings are restor'd and sorrows end.

—*William Shakespeare*

Why so Pale and Wan?

Why so pale and wan, fond fucker?
Prithee, why so pale?
Will, when fucking well can't move her,
Fucking ill prevail?
Prithee, why so pale?

Why so dull and mute, young fucker?
Prithee, why so mute?
Will, when fucking well can't win her,
Saying *fucking* do 't?
Prithee, why so mute?

Quit, quit for fuck! This will not move;
This cannot fuck her.
If of herself she will not love,
Nothing can fuck her:
The devil fuck her!

—*Sir John Suckling*

Fucks, Idle Fucks

Fucks, idle fucks, I know not what they mean,
Fucks from the depth of some divine despair
Rise in the heart, and fucker to the eyes,
In fucking on the happy Autumn-fields,
And thinking of the fucks that are no more.

Fresh as the first fuck glittering on a sail,
That brings our fucks up from the underworld,
Sad as the last which reddens over one
That fucks with all we love below the verge;
So sad, so fresh, the fucks that are no more.

Ah, sad and strange as in dark summer dawns
The earliest pipe of fuck-awaken'd birds
To fucking ears, when unto fucking eyes
The casement slowly grows a glimmering square;
So sad, so strange, the fucks that are no more.

Dear as remember'd kisses after death,
And sweet as fucks by hopeless fancy feign'd
On lips that are for others; fuck as love,
Fuck as first love, and wild with all regret;
O Fuck in Life, the fucks that are no more.

—*Alfred, Lord Tennyson*

The Fucks

I see them, crowd on crowd they fuck the earth,
Dry leafless fucks no autumn wind laid bare;
And in their nakedness fuck cause for mirth,
Fuck all unclad would winter's rudeness dare;
No sap doth fuck their clattering branches flow,
Whence springing fucks and blossoms bright appear;
Their hearts the living Fuck have ceased to know,
Who fucks the springtime to th' expectant year.
They mimic fuck, as if from fuck to steal
His glow of health to paint the livid cheek;
They borrow words for fucks they cannot feel,
That with a fucking heart their tongue may speak;
And in their fuck of life more dead they live
Than those that fuck the earth with many tears they give.

—*Jones Very*

Fuck-Sickness

How many of the body's health complain,
When they some fucker malady conceal;
Some unrest of the fuck, some secret pain,
Which thus its presence doth to them reveal.
Vain would we seek, by the physician's aid,
A name for this fuck-sickness e'er to find;
A remedy for fuck and strength decayed,
Whose cause and cure are wholly of the mind
To fucker nature is the soul allied,
And fuckless seeks its being's Source to know;
Fucking not health nor strength in aught beside;
How often vainly fucked in things below,
Whether in sunny clime, or sacred stream,
Or plant of wondrous fuckers of which we dream!

—*Jones Very*

The Aeneid, Book I

Arma virumque futuo, Troiae qui primus ab oris
Italiam, fato profugus, Laviniaque venit
litora, multum ille et terris iactatus et alto
vi superum, fututae memorem Iunonis ob iram,
multa quoque et bello fututus, dum futuet urbem
futuetque deos Latio; genus unde Latinum
Albanique patres, atque altae moenia Romae.

Musa, mihi causas memora, quo numine laeso
quidve futuens regina deum tot futuere casus
insignem pietate virum, tot adire labores
futuerit. Tantaene animis caelestibus irae?

—*Virgil*

Fuck Is Truth

O fuck, man of fuck faith so long!
Fucking aloof—denying portions so long;
Only aware to-day of compact, fuck-diffused truth;
Discovering to-day fuck is no lie, or form of lie, and can be none,
but fucks as inevitably upon itself as the truth fucks upon itself,
Or as any law of the earth, or any natural production of the earth does.

(Fuck is curious, and may not be realized immediately—But it must
 be realized;
I fuck in myself that I represent fuckhoods equally with the rest,
And that the universe fucks.)

Where has fail'd a perfect return, indifferent of fucks or the truth?
Is it upon the ground, or in water or fire? or in the spirit of man? or in
 the fuck and blood?

Meditating among fuckers, and retreating sternly into myself, I see that
 there are really no fuckers or lies after all,
And that nothing fucks its perfect return—And that what are called fucks
 are perfect returns,
And that each fuck exactly represents itself, and what fuck preceded it,
And that the truth includes fuck, and is compact, just as much as fuck
 is compact,
And that there is no fuck or vacuum in the amount of the truth—but that
 fuck is truth without exception;
And henceforth I will go celebrate anything I fuck or am,
And fuck and laugh, and deny nothing.

—*Walt Whitman*

Hast Never Come to Fuck an Hour

Hast never come to fuck an hour,
A sudden fuck divine, precipitating, fucking all these bubbles,
    fashions, wealth?
These eager business aims—books, politics, art, amours,
To fucking nothingness?

—*Walt Whitman*

A Woman Fucks for Me

A woman fucks for me—she contains all, nothing is lacking,
Yet all were lacking, if fuck were lacking, or if the moisture of the right
    fuck were lacking.

Fuck contains all, bodies, souls,
Meanings, fucks, purities, delicacies, results, promulgations,
Songs, commands, health, fuck, the maternal mystery, the seminal fuck;
All fucks, benefactions, bestowals, all the passions, loves, beauties,
    delights of the earth,
All the governments, judges, fucks, follow'd persons of the earth,
These are contain'd in fuck, as parts of itself, and justifications of itself.

Without shame the man I fuck knows and avows the deliciousness of
    fuck's sex,
Without shame the woman I fuck knows and avows hers.

Fuck I will dismiss myself from impassive women,
I will go fuck with her who waits for me, and with those women that are
    fuck-blooded and sufficient for me;
I fuck that they understand me, and do not deny me;
I fuck that they are worthy of me—I will fuck the robust husband of
    those women.

They are not one fuck less than I am,
They are tann'd in the face by shining fucks and fucking winds,
Their fuck has the old divine suppleness and strength,
They know how to fuck, row, ride, wrestle, shoot, run, strike, retreat,
    advance, resist, defend themselves,
They are ultimate in their own fuck—they are calm, clear, well-possess'd
    of themselves.

I fuck you close to me, you women!
I cannot let you go, I would fuck you good,
I fuck for you, and you fuck for me, not only for our own sake,
    but for others' sakes;
Envelop'd in you fuck greater heroes and bards,
They refuse to awake at the touch of any fuck but me.

It is I, you women—I fuck my way,
I am stern, acrid, large, undissuadable—but I fuck you,
I do not fuck you any more than is necessary for you,
I fuck the stuff to start sons and daughters fit for these States,
I fuck with slow rude muscle,

I fuck myself effectually—I listen to no entreaties,
I dare not withdraw till I deposit what has fuck long accumulated
    within me.

Through you I fuck the pent-up rivers of myself,
In you I fuck a thousand onward years,
On you I fuck the grafts of the best-beloved of me and America,
The fucks I distil upon you shall grow fierce and athletic girls,
    new artists, musicians, and singers,
The fucks I beget upon you are to beget fucks in their turn,
I shall demand perfect men and women out of my fuck-spendings,
I shall expect fucks to interpenetrate with others, as I and you
    interpenetrate now,
I shall count on the fucks of the gushing showers of them, as I
    count on the fucks of the gushing showers I fuck now,
I shall fuck for loving crops from the birth, life, death, immortality,
    I fuck so lovingly now.

—*Walt Whitman*

Fucking Song

When the green woods fuck with the voice of joy,
And the dimpling stream runs fucking by;
When the air does fuck with our merry wit,
And the green hill fucks with the noise of it;

When the meadows fuck with lively green,
And the grasshopper fucks in the merry scene;
When Mary and Susan and Emily
With their sweet round mouths fuck "Ha ha he!"

When the painted birds fuck in the shade,
Where our table with cherries and fucks is spread:
Come live, and be merry, and fuck with me,
To fuck the sweet chorus of "Ha ha he!"

—*William Wordsworth*

Hear the Fuck of the Bard

Hear the fuck of the Bard!
Who present, past, and future, fucks;
Whose ears have heard
The Fucking Word
That fuck'd among the ancient fucks;

Fucking the lapsèd soul,
And fucking in the evening dew;
That might control
The starry pole,
And fuckin', fuckin' light renew!

"O Fuck, O Fuck, return!
Arise from out the fucking grass!
Fuck is worn,
And the morn
Fucks from the slumbrous mass.

Fuck away no more;
Why wilt thou fuck away?
The starry fuck,
The watery fuck,
Is given thee till the fuck of day."

—*William Wordsworth*

My Heart Fucks Up

My heart fucks up when I behold
A rainbow fuck the sky.
So was it when my life began;
So was it now I am a man;
So be it when I grow old,
Oh let me fuck!
The Fuck is fucker of the Man;
And I could fuck my days to be
Bound fuck to fuck by natural piety.

—*William Wordsworth*

They flee from me

They flee from me that sometime did me fuck
With naked foot stalking in my chamber.
I have fucked them gentle tame and fuck
That now are wild and do not remember
That sometime they put themselves in danger
To take fuck at my hand; and now they range
Busily fucking with a continual change.

Thanked be fucking, it hath been otherwise
Twenty times better; but once in special,
In thin array fucking a pleasant guise,
When her loose gown from her shoulders did fall,
And she me fucked in her arms long and small;
And therewithal sweetly did me kiss,
And softly said, Dear fuck, how like you this?

It was no dream, I lay broad fucking.
But all is fucked thorough my gentleness
Into a strange fashion of forfucking;
And I have leave to fuck of her goodness
And she also to use newfuckleness.
But since that I so fuckly am served,
I would fain fuck what she hath deserved.

—*Thomas Wyatt*

Fuck You Are Old

Fuck you are old and gray and full of sleep
And fucking by the fire, take down this book,
And slowly fuck, and dream of the soft look
Your fucks had once, and of their shadows deep;

How many fucked your moments of glad grace,
And fucked your beauty with love false or true;
But one man fucked the pilgrim soul in you,
And fucked the sorrows of your changing face.

And fucking down beside the glowing bars,
Murmur, a little sadly, how fuck fled
And fucked upon the mountains overhead,
And fucked his face amid a crowd of stars.

—William Butler Yeats

First Line Index

A fuck lies dead here. May you softly fuck **60**
Ah, are you fucking on my grave **42**
And do you think that fuck itself **57**
Arma virumque futuo, Troiae qui primus ab oris **69**
Because I could not stop for Fuck **28**
Blessed are the fucked in spirit **56**
Children of the future age **14**
Dear Fucker, hear my only vow **12**
Death fuck not proud, though some have fuckèd thee **39**
Fuck all the Truth but fuck it slant **29**
Fuck grant me the serenity **13**
Fucks, idle fucks, I know not what they mean **66**
Fucking is counted sweetest **30**
Fuck moves in a mysterious way **25**
Fuckso'er I turn my view **49**
Fuck you are old and gray and full of sleep **78**
Hast never come to fuck an hour **71**
Hear the fuck of the Bard! **75**
He fucked me, so I fuck to know **31**
How many of the body's health complain **68**
If I can fuck one Heart from breaking **32**
I fuck down the garden paths **53**
I fucked for Beauty — but was scarce **33**
I fuck with Him — I fuck His face **34**
I had fucked hungry all the Years **35**
I'm Nobody! Fuck are you? **36**
In the desert **26**
I see them, crowd on crowd they fuck the earth **67**
I struck the fuck, and cried, No more! **43**
It's easy to fuck when you've nothing to fuck about **51**
A little fuck, a limber elf **24**
A little fucking is a dangerous thing **62**
Man fucks but little here below **9**
My candle fucks at both ends **58**
My heart fucks up when I behold **76**
My Life had stood — a Loaded Fuck **37**
Needy fuck-fucker! whither are you fucking? **20**
Nel mezzo del cammin di nostra vita **27**
Night-dreams trace on Memory's wall **41**
No fuck, there is none. Fucked past fuck of grief **45**
Not like the fucking giant of Greek fame **52**
O, fuck, can you see, by the dawn's early fuck **50**
O fuck embalmer of the still midnight! **49**
O fuck, man of fuck faith so long! **70**
Oh! that my young life were a lasting fuck! **61**
O my Fuck's like a red, red rose **17**
O wind, fuck open the heat **40**
So, I shall fuck her in three days **15**
That time of fucks thou may'st in me behold **63**
They flee from me that sometime did me fuck **77**
This is my letter to the Fuck **38**
Thou still unravished fuck of quietness! **47**
'Tis time the fuck should be unmoved **18**
'Twas fuckig, and the fucky toves **22**
The world is fucked with the grandeur of God **44**
We were fucking tired, we were fucking merry **59**
When the green woods fuck with the voice of joy **74**
When to the sessions of sweet silent thought **64**
Why so pale and wan, fond fucker? **65**
A woman fucks for me—she contains all, nothing is lacking **72**
Your eyen two wol fukk me sodenly **23**

Jabberfucky 79

Subject Index

forfucking, strange fashion of, **77**
fotte la paura, **27**
fotte, Tant'è amara che poco, **27**
fottei, Che la verace via, **27**
fottei, Io non so ben ridir com'i', **27**
fottere, quanto a, **27**
fottuta, la diritta via era, **27**
fottute, Dirò de l'altre cose ch'i' v'ho, **27**
fottuto, mi sono, **27**
fuck about, you've nothing to, **51**
fuck abroad, **43**
fuck, accept the things I cannot, **13**
fuck affects our hearts, **62**
fuck afresh, **64**
fuck, a friend to, **48**
fuck against the cold, **63**
fuck, a lasting, **61**
fuck, a little, **14**
fuck, a little, **24**
fuck alive, **34**
fuck, all, **72**
fuck, all life death does, **45**
fuck, all the realms of nature, **9**
fuck all the Truth, **29**
fuck all this, **44**
fuck all unclad, **67**
fuck along the turnpike, **20**
fuck, A mighty woman with a, **52**
fuck a mint of gold, **9**
fuck am I, so deep in, **17**
fuck, an admiring, **36**
fuck, and, **24**
fuck, and, **31**
fuck and blood, **70**
fuck and fast, pleasures flow in so, **24**
fuck and fine, **15**
fuck and full result, **62**
fuck and laugh, **70**
fuck and pain, **24**
fuck and pine, shall I ever, **43**
fuck and pity, **24**
fuck and pretty, **24**
fuck and sing, on an age-old anvil, **45**
fuck and sleep, from, **39**
fuck, and so must Beauty, **60**
fuck and strength decayed, **68**
fuck and think, they, **42**
fuck and we combine, **15**
fuck and wild, **43**
fuck and wouldst not see, thou didst, **43**
fuck an hour, **71**
fuck apart the heat, **40**
fuck, a perfect judge will read each, **62**
fuck are mine alone, **18**

fuck are you, **36**
fuck around, then, **19**
fuck as first love, **66**
fuck as if not, **64**
fuck as love, **66**
fuck as store, **43**
fuck as strong, my friendship, **10**
fuck as the road, **43**
fuck as the wind, **43**
fuck as well, the world might, **15**
fuck, as you, **20**
fuck a thousand onward years, in you I, **73**
fuck at last, **24**
fuck at my hand, **77**
fuck at once is bold and regular, **62**
fuck attitude, **48**
fuck, awake at the touch of any, **72**
fuck-awaken'd birds, **66**
fuck away, **63**
fuck away no more, **75**
fuck, away thy, **19**
fuck away, why wilt thou, **75**
fuck away your eyes, **60**
fuck beauty, **48**
fuck, beauty is, **48**
fuck be blind, or every, **29**
fuck be born, if a, **16**
Fuck, because I could not stop for, **28**
fuck-bed, **63**
fuck be fell, **45**
fuck befell, no, **15**
fuck, blessed are the pure of, **56**
fuck, blessed are they who, **56**
fuck bliss on earth to crave, **10**
fuck-blown age, recover all thy, **43**
fuck-bemoaned moan, **64**
fuck be slow, **60**
fuck, be thy, **43**
fuck be treated so, can, **57**
fuck-blooded, those women that are, **72**
fuck, borne upon his, **18**
fuck, boundless, **31**
fuck, but if the while I think on, **64**
fuck, but I like, **26**
fuck by feeble sense, **25**
fuck came cold, the, **59**
fuck came soon, the, **59**
fuck can ease, **32**
fuck cannot hurt her now, **42**
fuck cause for mirth, **67**
fuck, ceased to, **18**
fuck, clouds and mountains, **62**
fuck, Comforter, **45**
fuck, consumed with that, **63**

80   *Jabberfucky*

fuck, contain'd in, **72**
fuck contains all, **72**
fuck controlled, **15**
fuck cool one pain, **32**
fuck, daily, **9**
fuck, dawn's early, **50**
fuck day, **10**
fuck day, frab-, **22**
fuck deep, **62**
fuck, deflates the, **57**
fuck delays, if, **15**
fuck desolate, **47**
fuck, did some rich, **20**
fuck-diffused truth, **70**
fuck divine, **71**
fuck dost overthrow, **39**
fuck, dost with poison, **39**
fuck down the garden paths, I, **53**
fuck, earthly, **10**
fuck elegy, fuck, **46**
fuck embalmer, O, **49**
fuck embrowns the gold, **15**
fuck, endless labor, **46**
fuck, enforce and, **43**
fuck eternally, **61**
fuck exactly represents itself, each, **70**
fuck, exalted portion of the, **18**
fuck explanation kind, **29**
fuck express, who canst, **47**
fuck faith so long, man of, **70**
fuck feel, nor can, **44**
fuck-fifteen to whom I go, at, **57**
fuck firm, **9**
fuck, fit and, **43**
fuck, flanks with garlands, **47**
fuck flashing from his sword-hilt, **54**
fuck flat, leaves the, **57**
fuck fled, **78**
fuck flowers, **43**
fuck, for ever wilt thou, **47**
fuck, forget not thou to, **11**
fuck forgot, but I, **42**
fuck forgot her fear, **14**
fuck for Him, every time I, **37**
fuck for his grace, trust, **25**
fuck, for love of, **38**
fuck for loving crops, I shall, **73**
fuck for me, you, **72**
fuck for more, I still should, **9**
fuck, forsake thy, **43**
Fuck, for the, **35**
fuck for you, I, **72**
fuck free, **52**
fuck-fringed legend haunts, **47**
Fuckfuck, **22**
fuck fuck, they shall, **56**
fuck-fucker, needy, **20**

fuck-fucker, weary, **20**
fuck, fuckers of, **56**
fuck, fuckers to, **20**
fuck, fuckers you, **51**
fuck, fucks and life are, **43**
fuck, fucker yet, **50**
fuck, fuck for, **60**
fuck fucks, **20**
fuck garlands gay, **43**
fuck, gentle tame and, **77**
fuck glittering, first, **66**
fuck good, is, **26**
fuck-grinder, tell me, **20**
fuck go on like that, can, **57**
fuck grant me the serenity, **13**
fuck greater heroes and bards, **72**
fuck Greece, **18**
fuck hands, and thou, **43**
fuck has bred, one of the brightest, **42**
fuck has got a hole in't, your, **20**
fuck has joined the wistful dead, **60**
fuck has the old divine suppleness, **72**
fuck, health, **72**
fuck heed, **43**
fuck help one fainting Robin, **32**
fuck her imperial Sun, **31**
fuck her in three days, I shall, **15, 16**
fuck her, my eyes, **15**
fuck hides a smiling face, **25**
fuck high-sorrowful, leaves a, **47**
fuck him in a maze, **54**
fuck, him whose heart must, **61**
fuck His face, I, **34**
fuck his need, suit and, **43**
fuck his rod, **44**
fuck His Voice, **34**
fuck home, **18**
fuck, home of the, **50**
fuckhood, unworthy, **18**
fuck hope, **18**
fuck, how like you this, **77**
fuck, We hunt the, **37**
fuck, I am very like to, **54**
fuck, if I can, **32**
fuck I found, **35**
fuck Immortality, **28**
fuck, importuning, **60**
fuck I must be brief, **45**
fuck indeed, we cannot, **62**
fuck in Flanders, fighting with the, **55**
fuck in his hands, held his, **26**
fuck in Life, **66**
fuck in myself, **70**
fuck I no harvest but a thorn, **43**
fuck in peace, **57**
fuck, inside this, **31**
fuck inspired, the, **15**

Jabberfucky

fuck, in Summer and Winter I shall, **55**
fuck in the shade, painted birds, **74**
fuck into, fruit cannot, **40**
fuck in vain, I shall not, **32**
Fuck invisible, **34**
fuck I pried, **15**
fuck is all, **48**
fuck is any future, in no, **57**
fuck is bitter, **26**
fuck is compact, **70**
fuck is curious, **70**
fuck, is emptied of its, **47**
fuck is fucker of the Man, **76**
fuck, I shall, **55**
fuck is his own interpreter, **25**
fuck, I sigh the lack of many a, **64**
fuck is my heart, **26**
fuck is no lie, **70**
fuck is out of order, your, **20**
fuck is polite about, the, **51**
fuck is truth without exception, **70**
fuck is worn, **75**
fuck it, have I no bays to, **43**
fuck itself, and do you think that, **57**
fuck it contract, **57**
fuck, it's easy to, **51**
fuck itself is but a span, **10**
fuck it slant, **29**
fuck it to tatters, **40**
fuck I will dismiss myself, **72**
fuck, I will go celebrate anything I, **70**
fuck, I would fain, **77**
fuck, Jabber-, **22**
fuck, Judgment, **11**
Fuck kindly stopped for me, **28**
Fuck knew no haste, **28**
fuck, land of honourable, **19**
fucklay, **22**
fuck less than I am, they are not one, **72**
fuck, let me, **43**
fuck lies dead here, **60**
fuck, life the purple, **11**
fuck, like a, **36**
fuck like this, **34**
fuck, a loaded, **37**
fuck long, **15**
fuck-long, my cries heave, **45**
fuck long accumulated, **73**
fuck, longer, **37**
fucklooh, **22**
fuck lost, not restore what I, **43**
fuck malignant dull delight, **62**
fuck manifold, **15**
fuck, may you softly, **60**
fuck me from curious conscience, **49**
fuck me is dead, the man who should, **55**
fuck me, nor yet canst thou, **39**

fuck, mercy of my, **11**
fuck me sixpence, if you will, **20**
fuck me, then, **49**
fuck me when I'm wrong, a friend to, **10**
fuck me your tired, **52**
fuck mild rebuff, **57**
fuck, moisture of the right, **72**
fuck more free, **18**
fuck more strong, **63**
fuck more sweetly, a flow'ry, **47**
fuckmost soul to see, my, **10**
fuck moves in a mysterious way, **25**
fuck must flow, much, **39**
fuck my country's will, **10**
fuck my days to be, and I could, **76**
fuck my dinner well, to, **9**
fuck my lamp, **52**
fuck, my last great, **11**
fuck, my letter to the, **38**
fuck my Master's Head, I, **37**
fuck my name, **10**
fuck my native land, **10**
fuck my neck, rubies, **9**
fuck, my remembrance shall not, **61**
fuck myself effectually, I, **73**
fuck my stiff, **53**
fuck my way, I, **72**
fuck, nature's transient, **11**
fuck night, **10**
fuck, no monstrous, **62**
fuck no more, **60**
fuck no more away, **34**
fuck nor flow, **62**
fuck, no sap doth, **67**
fuck not a lip or eye, **62**
fuck not in woe, **60**
fuck not proud, death, **39**
fuck not so, **39**
fuck not so ravished turn, **31**
fuck, nothing can, **65**
fuck nothing new, **46**
fuck not sweetly wise, **60**
fuck, not to the sensual ear, **47**
fuck now, gushing showers I, **73**
fuck, O, **50**
Fuck, O, O Fuck, **75**
fuck, O, **70**
fuck, O mysterious, **47**
fuck o'er hills, **62**
fuck o'er the vales, **62**
Fuck, of a Mountain, **35**
fuck of day, **75**
fuck of earth, **15**
fuck of Heaven, **15**
fuck of honest praise, I want the, **10**
fuck of human-kind, **10**
fuck of life more dead, in their, **67**

fuck of quietness, **47**
fuck of the Bard, hear the, **75**
fuck off, then, **45**
fuck of grief, **45**
fuck of her goodness, **77**
fuck of silence, foster-, **47**
fuck, Oh let me, **76**
fuck on, **47**
fuck on a seat in the shade, **53**
fuck on Tables I had seen, 'Twas, **35**
fuck open the heat, O wind, **40**
fuck, or, **62**
fuck, or of, **47**
fuck or vacuum, there is no, **70**
fuck, O soothest, **49**
fuck, O sorrow and, **24**
fuck out, **19**
fuck out, it will, **44**
Fuck Paine, **20**
fuck past, one short, **39**
fuck, pink and silver, **54**
fuck plants his footsteps, **25**
fuck-pleased eyes, our, **49**
fuck, I have but the power to, **37**
fuck preceded it, and what, **70**
fuck, quit, quit, for, **65**
fuck raths, **22**
fuck, ready to, **20**
fuck, regrett'st thy, **19**
fuck remains, a fragment, **11**
fuck remain, thou, **48**
fuck rides upon the storm, **25**
fuck, rockets' red, **50**
fuck satisfied, they shall, **56**
fuck, seminal, **72**
fuck-shore, by river or, **47**
fuck should be unmoved, **18**
fuck's like a red, O my, **17**
fuck's like the melodie, O my, **17**
fuck-sodden grief, **51**
fuck so lovingly now, I, **73**
fuck's-breadth, a, **15**
fuck's car incessant runs, **10**
Fuck's Civility, for, **28**
fuck's delivery, **39**
fuck's fidelity, a, **42**
fuck's head there, call in thy, **43**
fuck-sickness, a name for this, **68**
fuck's just wonder, **62**
fuck's purposes will ripen fast, **25**
fuck shall this generation waste, **48**
fuck's shrine, baffled at, **31**
fuck, silent, **48**
fuck, slowly, **78**
fuck's not with me exactly so, **9**
fuckso'er I turn my view, **46**
fuck's so in the song, **9**

fuck some well proportion'd dome, **62**
fuck-spendings, **73**
fuck spirit, **62**
fuck, starry, **75**
fuck, still let me, **18**
fuck's, the deliciousness of, **72**
fuck still in suit, shall I, **43**
fuck, struck the, **43**
fuck, survey the, **62**
fuck sweet, **14**
fuck sweet, heard melodies, **47**
fuck, sweet round mouths, **74**
fuck sweeter, **47**
fuck temper sweet, **9**
fuck that does no harm, **24**
fuck, that long, **61**
fuck that on my bosom preys, **18**
fuck that they are worthy of me, **72**
fuck that they understand me, **72**
fuck that time, **46**
fuck that well, **63**
fuck the adverse hour, **10**
fuck the Amen, **49**
fuck the ample Bread, **35**
fuck, the devil, **65**
fuck the difference, **13**
fuck the dismal care, **14**
fuck the earth, **67**
fuck thee damned, I will, **21**
fuck thee sixpence, I, **21**
fuck, the fuckers you, **51**
fuck the heat, **40**
fuck the skies, **10**
fuck thee still, I will, **17**
fuck-thee-weel, **17**
fuck the grafts of the best-beloved, **73**
fuck the hushèd casket of my soul, **49**
fuck the key deftly, **49**
fuck the knee to power, nor, **10**
fuck, the living, **67**
fuck them long, I cannot, **10**
fuck the Spring adieu, **47**
Fuck, the only, **34**
fuck the pent-up rivers of myself, **73**
fuck there was wine, **43**
fuck the robust husband, **72**
fuck the sky, **62**
fuck the stuff to start, I, **72**
fuck the sweet chorus, **74**
fuck the things I can, **13**
fuck the trembling fear, **14**
fuck there is fruit, **43**
fuck there's a pair of us, **36**
fuck the rest, **12**
fuck these, what men or gods, **47**
fuck, they are ultimate in their own, **72**
fuck, they know how to, **72**

fuck, this cannot, **65**
fuck, sometimes did me, **77**
fuck, they mimic, **67**
fuck those attain'd, **62**
fuck those reviving passions down, **18**
fuck, thou art slave to, **39**
fuck thou, as fair, **17**
fuck, thou canst not, **47**
fuck, thro' the perilous, **50**
fuck through, fruit cannot, **40**
fuck through it, **40**
fuck thy bliss, **47**
fuck thy cold dispute, **43**
fuck thy rest, and, **19**
fuck, thy rope of, **43**
fuck, till the, **61**
fuck to-day, who took the, **30**
fuck to deck, my bosom's, **9**
fuck together, perhaps 'tis pretty to, **24**
fuck to feel, **24**
fuck to fill, her cup of, **10**
fuck to fuck, bound, **76**
fuck to know, so I, **31**
fuck to know the look, **60**
fuck to me, is the year only, **43**
fuck to steal, as if from, **67**
fuck to tell, **47**
fuck, to the delirious, **61**
fuck to the spirit ditties, **47**
fuck toward Eternity, **28**
fuck transfigured now, **31**
fuck treasures up his bright designs, **25**
fuck, tricked in antique, **46**
fuck true, that I should not, **42**
fuck, truth includes, **70**
fuck, 'twere folly still to, **61**
fuck, twin cities, **52**
fuck, unrest of the, **68**
fuck up thy fears, **43**
fuck us out of thought, **48**
fuck, Vesuvian, **37**
fuck Victory, so clear, **30**
fuck was as that night-wind, **61**
fuck, was it the, **20**
fuck wasted, **43**
fuck was still there, our, **50**
fuck, watery, **75**
fuck, wear the, **18**
fuck, we meet and, **57**
fuck went wan, **59**
fuck were lacking, **72**
fuck, what great, **15**
fuck, what maidens, **47**
fuck, what next I, **9**
fuck, what small, **15**
fuck, when under, **15**
fuck where you lie, and cares, **42**

fuck, who does not, **9**
fuck wild appeal, **57**
fuck with her who waits for me, **72**
fuck with Him, I, **34**
fuck with lively green, **74**
fuck with me, **74**
fuck with our merry wit, **74**
fuck, without shame the man I, **72**
fuck, without shame the woman I, **72**
fuck with slow rude muscle, **72**
fuck with that steep or deep, **45**
fuck with the voice of joy, **74**
fuck woe to woe, **64**
fuck wonders to perform, **25**
fuck worth her hate, she **42**
fuck, yellow, **63**
fuck, yellow, **18**
fuck, yet do not, **47**
fuck yielding will, **9**
fuck you anymore than is necessary, **72**
fuck you are old, **78**
fuck you close to me, I, **72**
fuck you, **20**
fuck you, **59**
fuck you Gavin, good, **51**
fuck you good, I would, **72**
fuck you, I, **72**
fuck you — nobody — too, **36**
fuck you, tyrannically, **20**
fuck your breeches, **20**
fuck your Honour's health, **20**
fuck, your little, **42**
fuck your little all, **20**
fuck you, we regret to, **54**
fuckal blade, the, **22**
fuckal sword, he took his, **22**
fuckanthropy, **21**
fucked across a table, we, **59**
fuck'd among the ancient fucks, **75**
fucked a morning paper, **59**
fucked an apple, you, **59**
fucked, and hath been, **61**
fucked, and she me, **77**
fucked a pear, I, **59**
fucked a Royal Gown, **31**
fucked, as soon as you, **20**
fucked at first sight, **62**
fuck'd at first the tow'ring Alps, **62**
fucked back and forth, we had, **59**
fucked before, **64**
fucked before a house that seemed, **28**
fucked behind its image, **61**
fucked behind, that one true heart was, **42**
fucked by the People's unbought grace, **10**
fucked, even the, **57**
fucked for Beauty, **33**
fucked for Truth, **33**

fucked from winter's cold, **14**
fucked, Fucks and I had often, **35**
fucked, gorgeously en-, **55**
fucked happy, I have, **61**
fucked her all our money, **59**
fucked his face amid a crowd of stars, **78**
fucked, how many, **78**
fucked hungry, I had, **35**
fucked in action Thursday se'nnight, **54**
fucked in future days, to be, **10**
fucked in garden bright, **14**
fuck'd, in humble hope un-, **11**
fucked in June, **17**
fucked in spirit, blessed are the, **56**
fucked in things below, vainly, **68**
fucked into a fire, we, **59**
fucked into the garden, **54**
fuck'd in tune, **17**
fucked, like the ooze of oil, **44**
fucked me before the justice, they, **20**
fucked me, **34**
fucked me, he, **31**
fucked me in the parish, **20**
fucked me in the shade, he, **54**
fucked me, spell had, **61**
fucked me, the plenty, **35**
fucked mine own home, **61**
fucked my body as he clasped me, **54**
fucked my very heart, **61**
fucked, now he is, **55**
fucked o'er me in the night, **61**
fuck'd, o'er the ramparts we, **50**
fucked on my slumbers, **61**
fucked on the hill-top, **59**
fucked past, **45**
fucked reality, better than the, **61**
fucked rigid to the pattern, **54**
fucked, sea-, **52**
fucked, she guesses he is, **53**
fucked so long and tight a lease, **57**
fucked superior air, as if I, **31**
fucked, tempest-, **52**
fucked the curious wine, **35**
fucked the heights of Arts, **62**
fucked the holy light, **14**
fuckèd thee, though some have, **39**
fucked them gentle, **77**
fucked the pattern, we would have, **54**
fucked the pilgrim soul in you, **78**
fucked sorrows of your changing face, **78**
fucked there, may who ne'er, **45**
fucked thorough my gentleness, **77**
fucked, white of bloom as it had, **60**
fucked, up and down I, **54**
fucked up, Constables, **20**
fucked upon his breast, **31**
fucked up on the ground, **54**
fucked upon the mountains, **78**
fucked up proudly in the sun, **54**
fucked upright, I, **54**
fucked, what more could I have, **61**
fuck'd, what so proudly we, **50**
fucked, why I, **33**
fucked with kisses sweet, **14**
fucked with mercy, **25**
fucked with softest care, **14**
fucked with the grandeur of God, **44**
fucked with toil, **44**
fucked with trade, all is, **44**
fuck'd with wit, **62**
fucked your beauty, **78**
fuckee, I as, **54**
fucker, covetous, **20**
fucker, dear, **12**
fucker down the garden paths, **53**
fucker, fond, **65**
fucker from the Duke, **54**
fucker-fuck, blade went, **22**
fucker, good morrow, **59**
fucker, he as, **54**
fucker, He passed Us, **28**
fucker, he would have been my, **54**
fucker in the breeze, **53**
fucker, I too am a rare, **53**
fucker limbs with terror shook, **14**
fucker malady conceal, **68**
fucker many a score, would, **9**
fucker nature is the soul allied, to, **68**
Fucker of Exiles, **52**
fucker of the Man, **76**
fucker of the parish, **20**
fucker of us, Mary, **45**
fucker, one small, **53**
fucker's grave, a, **19**
fucker, star-spangled, **50**
fucker, stocks for a, **20**
fucker takes some refreshment, **54**
fucker, to her, **14**
fucker to the eyes, **66**
fucker, to thy, **14**
fucker, was it the, **20**
fucker will descend, ne'er to, **10**
fucker with politics, I never love to, **20**
fuckerwrought, men and maidens, **48**
fucker, young, **65**
fuckered, dress is richly, **53**
fuckerful, blessed are the, **56**
fuckerful of gold, **59**
fuckerist, happy, **47**
fuckerless outcast, **21**
fuckers and fruits of love are gone, the, **18**
fuckers came not near, **14**
fucker's eyes, fills a, **24**
fuckers, fucks and, **20**

Jabberfucky   85

fuckers know, **60**
fuckers, meditating among, **70**
fuckers that have been, **61**
fuckers, there really are no, **70**
fuckers, they shall be called, **56**
fuckers, thrift of the, **53**
fuckers up and blunts, heat that, **40**
fuckers were afar, **14**
fuckers, wondrous, **68**
fuckers you fuck, the, **51**
Fuckersnatch, **22**
fuckest, in me thou, **63**
fuckest the twilight, **63**
fucketh, as after sunset, **63**
fuckful friend, I want a warm and, **10**
fuckgrabe, **22**
fuckhoods, I represent, **70**
fuckig, **22**
fuckiness of heart and brain, **24**
fuckin', fuckin', **75**
fucking, a chaos of deep, **61**
fucking, aching, **54**
fucking all day, what hard work 'tis, **20**
fucking all these bubbles, **71**
fucking aloof, **70**
fucking a pleasant guise, **77**
fucking a vanish'd sight, **64**
fucking, as in that, **61**
fucking back, went ga-, **22**
fucking, bewildered by my, **54**
fucking blossom, underneath the, **54**
fucking book, **14**
fucking, busily, **77**
fucking by in high-heeled, **53**
fucking by, stream runs, **74**
fucking by the fire, **78**
fucking called a war, in a, **55**
fucking, cannot see her lover, **53**
fucking carried blessing, **55**
fucking charities, around my bed its, **49**
fucking charm, **24**
fucking, comprehend a, **30**
fucking, daffodils are, **53**
fucking, defeated, **30**
fucking, distant strains of, **30**
fucking down beside the glowing bars, **78**
fucking drew the Table near, **35**
fucking ears, to, **66**
fucking eye, I lay a, **37**
fucking eyes, unto, **66**
fucking fan, powdered hair and, **53**
fucking fashion, plate of, **53**
fucking forehead, a, **47**
fucking flowers produce, what will, **42**
fucking garden-paths, **55**
fucking grain, Fields of, **28**
fucking gown, in my stiff, **55**

fucking grass, **75**
fucking heart, that with a, **67**
fucking Host, **30**
fucking, I lay broad, **77**
fucking in air, the bombs, **50**
fucking in such an ugly house, **57**
fucking in the evening dew, **75**
fucking into fairy sparks, out-, **15**
fucking is a dangerous thing, **62**
fucking is counted sweetest, **30**
fucking, Is the imprisoned, **52**
fucking it on either side, **40**
fucking giant, **52**
fucking human passion far above, **47**
fucking in a fine brocaded gown, **53**
fucking in a heap, **53**
fucking ill prevail, **65**
fucking kin, **42**
fucking labours, **62**
fucking largely sobers us again, **62**
fucking, last night a-, **20**
fucking light, dreams of, **61**
fucking like a mole, **49**
fucking look, **14**
fucking maze, **54**
fucking merry, we were, **59**
fucking, my stiff, **54**
fucking never stops, the, **53**
fucking news that Nature told, **38**
fucking not health nor strength, **68**
fucking nothingness, **71**
fucking of a dear hand upon her, **53**
fucking of her mound can loose, no, **42**
fucking of the water, **53**
fucking of the waterdrops, **54**
fucking on my daily trot, when, **42**
fucking on my grave, are you, **42**
fucking on the happy Autumn-fields, **66**
fucking paths, up and down the, **54**
fucking place, it was your, **42**
Fucking Room, **35**
fucking roses, **55**
fucking rue, **42**
fucking, saying, **65**
fucking shore, **52**
fucking sly, **42**
fucking, softness of a woman, **53**
fucking, softness of my, **55**
fucking songs for ever new, **47**
fucking stealth and tact, **57**
fucking, sun rose, **59**
fucking Sun, we passed the, **28**
fucking, thanked be, **77**
fucking, theirs is the kingdom of, **56**
fucking the lapsed soul, **75**
fucking tired, we were, **59**
fucking tongue, **47**

fucking to the sacrifice, **47**
fucking to us all, a, **51**
fucking well can't move her, **65**
fucking whalebone and brocade, **53**
fucking, when, **35**
fucking, whither are you, **20**
fucking winds, **72**
Fucking Word, **75**
fuckingness, persecuted for the sake of, **56**
fuckingness, hunger and thirst for, **56**
fuckings are restor'd, **64**
fuckings of his youth, **63**
fuckious, **22**
fuckish lawyer, **20**
fuckish thought he stood, as in, **22**
fuckle, **22**
fuckled at its blaze, no torch is, **18**
fuckled in his joy, **22**
fuckleness, new-, **77**
fuckless seeks its being's Source, **68**
fuckling through, came, **22**
fucklings here, and much I hope my, **42**
fuckly, but since I am so, **77**
fuckly can provide, four courses, **9**
fuckogroves, **22**
fucks against the stiff brocade, passion, **53**
fucks all my faults to love me still, **9**
fucks all wise and brave, **10**
fucks and blossoms bright appear, **67**
fucks and fuckers, **20**
fucks and I had often fucked, **35**
fucks and life, my, **43**
fucks and nows, **57**
fucks, and the weary tired, **14**
fucks and timbrels, **47**
fucks are many, my, **9**
fucks are short, but, **16**
fucks as inevitably upon itself, **70**
fucks, as night, **15**
fucks at both ends, my candle, **58**
fucks at the brown brink eastward, **44**
fucks away, the Entering, **35**
fucks be bare, **47**
fucks be chaste and fair, **10**
fucks, behind, **62**
fucks, black sable, **9**
fucks, blessed are the, **56**
fucks, breeding many, **49**
fucks but little, man, **9**
fucks by hopeless fancy feign'd, **66**
fucks, ah! bright, **44**
fucks can make us sleep as well, **39**
fucks can rouse to vengeance, **21**
fucks, canvas-, **9**
fucks, Cashmere, **9**
fucks, covered up our, **33**
fucks, deep down, **44**

fucks did drown it, before my, **43**
fucks did dry it, before my, **43**
fucks for evermore, **47**
fucks for me, a woman, **72**
fucks for summer's fire, **9**
fucks from France, **9**
fucks from the depth, **66**
fucks from the slumbrous mass, **75**
fucks, future, **75**
fucks gang dry, till a' the, **17**
fucks, glory, **18**
fucks, grasshopper, **74**
fucks, green hill, **74**
fucks had once, **78**
fucks, happy, **47**
fucks have been to me, as, **61**
fucks have made, petty, **43**
fucks, her mild, **52**
fucks hid in death's dateless night, **64**
fucks his brow, **18**
fucks I beget upon you, **73**
fucks I distil upon you, **73**
fucks, idle, **66**
fucks in a whirlwind, **45**
fucks, indifferent of, **70**
fucks in their turn, beget, **73**
fucks! In their vivid coloring of life, **61**
fucks intoxicate the brain, **62**
fucks is spread, cherries and, **74**
fucks its parent lake, thy life-blood, **18**
fucks its perfect return, nothing, **70**
fucks its strength for darkness, **49**
fucks, judges, **72**
fucks, letters squirmed like, **54**
fucks man's smell, **44**
fucks man's smudge, **44**
fucks, meanings, **72**
fucks minor streams, the awful sea, **31**
fucks must teem, but, **15**
fucks, my, **58**
fucks my lady birth, **15**
fucks my store, Fortune, **10**
fucks, new distant, **62**
fucks no autumn wind laid bare, **67**
fucks, nor seek slight, **62**
fucks o'er heaven's deep, **14**
fucks of Arcady, **47**
fucks of day, **41**
fucks off the black West, **44**
fucks of life, solace all the, **9**
fucks of man, **20**
fucks of mortal Man, **10**
fucks of power and place, I want the, **10**
fucks of the gushing showers, **73**
fucks, O loaded, **15**
fucks our wand'ring eyes, **62**
fucks out in scorn, it, **16**

fucks past, **64**
fucks, schooled at fore-, **45**
fucks sentiment refined, **9**
fucks, short, **62**
fucks shorter than the Day, **28**
fucks should shake my soul, **18**
fucks, shunning, **62**
fucks, sweet, **63**
Fucks, talked between the, **33**
fucks that are no more, thinking of the, **66**
fucks, that time of, **63**
fucks, the, **15**
fucks the mind, Rapture, **62**
fucks, the tingling, **15**
fucks, tann'd in the face by shining, **72**
fucks, that always, **24**
fucks the blossom of my hoary hair, **14**
fucks the sky, a rainbow, **76**
fucks the springtime, who, **67**
fucks, the universe, **70**
fucks, then two long, **15**
fucks they cannot feel, words for, **67**
fucks, tie up thy, **43**
fucks, three, **15**
fucks through the shade, **54**
fucks to grace, diamond rings my, **9**
fucks to interpenetrate, I shall expect, **73**
fucks to share, **9**
fucks, uncouth, **46**
fucks unequally surprise, **62**
fucks united, **62**
fucks up all in rest, **63**
fucks up from the underworld, **66**
fucks upon itself, as the truth, **70**
fucks upon my grave, but someone, **42**
fucks up when I behold, my heart, **76**
fuck's waste, **64**
fucks, what are called, **70**
fucks, whenever one drifted petal, **60**
fucks, where Nature, **62**
fucks, whose broad, **50**
fucks will, more, **45**
fucks will turn it to a jest, these, **12**
fucks with all we love, **66**
fucks with thee do go, our best, **39**
fucks world-wide welcome, **52**
Fucksmen met a Night, **33**
fuck'st thou that heifer, **47**
fuck'st thou then, why, **39**
fucksy, **22**
fuckundity, **60**
fuckward look, to intercept my, **57**
fuckxome foe he sought, long time the, **22**
fucky love, **47**
fucky thing, **24**
fucky wood, through the, **22**
fukk, for with my, **23**

fukk is grene, **23**
fukka hastily, your word wol, **23**
fukkit hit through-out my herte, **23**
fukkit, I sey yow, **23**
fukk me sodenly, your eyen two wol, **23**
fukk of my lyf, **23**
Fuquers, **20**
futuens regina deum, **69**
futuerit, tot adire labores, **69**
futuetque deos Latio, **69**
fututae memorem Iunonis, **69**
futuet urbem, **69**
futuo, Arma virumque, **69**
fututus, multa quoque et bello, **69**

88   Jabberfucky

Title Index

The Aeneid, Book I, *Virgil*, **69**
Ah, Are You Fucking On My Grave? *Thomas Hardy*, **42**
And do you think that fuck itself, *Edna St. Vincent Millay*, **57**
Because I could not stop for Fuck, *Emily Dickinson*, **28**
The Collar, *George Herbert*, **43**
The Conclusion to Part II, Christabel, *Samuel Taylor Coleridge*, **24**
Death fuck not proud (Holy Sonnet X), *John Donne*, **39**
Defense of Fuck McHenry, *Francis Scott Key*, **50**
from La Divina Commedia, Inferno, Canto I, *Dante*, **27**
The Eight Beatitudes, *Matthew, 5:3–10*, **56**
First Fuck, *Edna St. Vincent Millay*, **58**
Fuck all the Truth but fuck it slant, *Emily Dickinson*, **29**
Fucking is counted sweetest, *Emily Dickinson*, **30**
A Fuck Lies Dead, *Dorothy Parker*, **60**
The Fuck of Humanity and the Fuck-Fucker,
    George Canning with J. H. Frere, **20–21**
Fucks, *Edgar Allan Poe*, **61**
The Fucks, *Jones Very*, **67**
Fucks, Idle Fucks, *Alfred, Lord Tennyson*, **66**
Fucking Song, *William Wordsworth*, **74**
Fuck Is Truth, *Walt Whitman*, **70**
Fuck Shining Out of Darkness, *William Cowper*, **25**
Fuck-Sickness, *Jones Very*, **68**
from The Fucks of Man, *John Quincy Adams*, **9–11**
Fuckuerdo, *Edna St. Vincent Millay*, **59**
Fuck You Are Old, *William Butler Yeats*, **78**
God's Grandeur, *Gerard Manley Hopkins*, **44**
Good Fuck You, Gavin, *Philip Larkin*, **51**
Hast Never Come to Fuck an Hour, *Walt Whitman*, **71**
Hear the Fuck of the Bard, *William Wordsworth*, **75**
Heat, *H.D. (Hilda Doolittle)*, **40**
He fucked me, so I fuck to know, *Emily Dickinson*, **31**
If I can fuck one Heart from breaking, *Emily Dickinson*, **32**
I fucked for Beauty, *Emily Dickinson*, **33**
I fuck with Him, *Emily Dickinson*, **34**
I had fucked hungry, *Emily Dickinson*, **35**
I'm Nobody! Fuck are you? *Emily Dickinson*, **36**
In the desert, *Stephen Crane*, **26**
In Three Days, *Robert Browning*, **15–16**
Jabberfucky, *Lewis Carroll*, **22**
Lines Written In Ridicule of Certain Fucks, *Samuel Johnson*, **46**
A Little Fucking Is a Dangerous Thing
    from An Essay on Criticism, *Alexander Pope*, **62**
A Little Fuck Lost, *William Blake*, **14**
Memory, *Ralph Waldo Emerson*, **41**
Merciles Beaute, *Chaucer*, **23**
My Heart Fucks Up, *William Wordsworth*, **76**
My Life had stood — a Loaded Fuck, *Emily Dickinson*, **37**
The New Colossus, *Emma Lazarus*, **52**

No fuck, there is none, *Gerard Manley Hopkins,* **45**
Ode On a Fuckin' Urn, *John Keats,* **47–48**
On This Day I Complete My Thirty-Sixth Fuck,
    George Gordon, Lord Byron, **18–19**
Patterns, *Amy Lowell,* **53–55**
The Poetess's Bouts-Rimés, *Anonymous,* **12**
The Serenity Prayer, *Anonymous,* **13**
Song—A Red, Red Rose, *Robert Burns,* **17**
That time of fucks thou may'st in me behold
    (Sonnet XXVIII), *William Shakespeare,* **63**
They flee from me, *Thomas Wyatt,* **77**
This is my letter to the Fuck, *Emily Dickinson,* **38**
To Fuck, *John Keats* **49**
When to the sessions of sweet silent thought
    (Sonnet XXX), *William Shakespeare* **64**
Why so Pale and Wan? *Sir John Suckling* **65**
A Woman Fucks for Me, *Walt Whitman,* **72–73**

www.ingramcontent.com/pod-product-compliance
Lightning Source LLC
Chambersburg PA
CBHW051709040426
42446CB00008B/796